SHIBA SAYS

柴語錄解答之書

柴語錄．著

什麼是解答之書？

解答之書是透過書籍進行簡單占卜，
順著直覺翻頁即可，無須任何特別準備或儀式。
在你有任何煩惱、疑惑、猶豫不決的時刻，
靜下來翻一翻這本書，就能重整心情和想法。

本書使用方法

翻書前請先閉上眼睛，心中想著那個人事物，
輕鬆地深呼吸一下，任意翻開一頁，
頁面上話語就是送給你的小建議、祝福或轉念，
書中更附上一百個隨手可做的小練習陪你愛自己。

讓柴語錄陪你
找尋生活指引吧～

自己一個人的時候、喝咖啡的時候、
睡前的時候、工作的休息片刻、心煩意亂的時候、
需要一點建議的時候，都適合打開這本書 。
讓柴語錄的夥伴們陪你找尋內心眞正的答案。

柴語錄的好夥伴

廢柴（赤柴）

全台知名度最高的柴犬角色，個性鬼靈精怪，認為在忙碌生活之餘，適時耍點廢有益身心健康。有時賣萌、有時說話犀利，還很會翻白眼，擅長吃、躺、睡、耍廢、網購，最討厭減肥 。

柴語錄的好夥伴

阿吉（柯基）

是廢柴的小跟班、好朋友和室友，個性正直，有點天然呆，反應總是慢半拍，但做事認真。腦波弱的阿吉很容易被廢柴說服，但平常最關心好朋友的他，最喜歡和廢柴一起體驗生活中各種有趣的事。

柴語錄的好夥伴

太子（灰貓）

平時寡言的太子，長相雖然可愛，但時常一語擊中要害。興趣是搶別人的食物、打翻桌上所有東西，因為「天上天下唯我獨喵」。明明住在豪宅區卻很低調，不愛宅在家的太子，和廢柴、阿吉是很好的玩伴，最喜歡的食物是香噴噴的泡麵。

喝杯水，心靜自然涼。
（讓高速運轉的腦袋冷靜一下）

當排山倒海的事情一次襲來時，
當水逆不斷、人事物都和你唱反調時，
停下來喝杯水，重新整理打結的思緒。

在白開水裡加片檸檬、水果乾，或是有香氣的乾燥花草，調製成自己喜愛的味道吧。

SHIBA SAYS

暫時的雨天會放晴的！
（揚起傘，彩虹正等著你）

原本低頭走在綿綿細雨中的柯基阿吉，
遇見了廢柴，輕輕為阿吉撐起友情的傘～
天邊出現的彩虹一掃原本灰暗的心情。

在難過的時候，更要抬起頭歌唱，彩虹般的光景或許就在不遠處等著你。

SHIBA SAYS

你的態度決定人生高度。
(站得越高，看得越遠~)

在地面的房屋、車子都好大，
但只要你站得夠高，視野瞬間就寬廣起來。
咦？它們怎麼都變成玩具車和模型屋了 !?

你都如何面對處理不了的人事物呢？人生難免卡關，但是選擇用什麼心態看待，會決定事情的走向。

休息是為了走得更遠，以及更堅定。
（為自己按下暫停鍵！）

廢柴獨自走了好久的路，為了找尋秘境溫泉，
在氣溫微涼的山裡，開心享受暖呼呼的泡湯之樂～
身心都充飽電了，才有力氣往下個目標前進！

建立幾種專屬自己的紓壓方式，絕對有益身心，不容他人打擾的Me Time能為你預留生活的餘裕。

好好擁抱自己一下吧！
（全世界最懂你的，是你自己）

廢柴今天受委屈了，想哭的心情似乎無處可說…
向內訴說也很好，溫柔地擁抱自己一下！
別小看擁抱的力量，眞有種安慰的魔力…

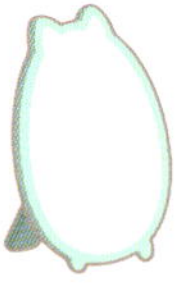

和鏡中的自己說：「你的委屈，我懂」，好好地用雙臂接住當下真實的情緒，無須任何顧忌。

COFFEE

你不是一個人，偶爾讓別人幫個忙。（畢竟只有兩隻手啊～）

柯基阿吉今早一上班，事情就堆積如山…
開會、交報告、接電話…實在忙不過來了！
幸好最給力的夥伴廢柴來相挺助陣～

別總是自己埋頭苦幹做到內傷，在需要的時候尋求外援，有時進度反而意外超前！

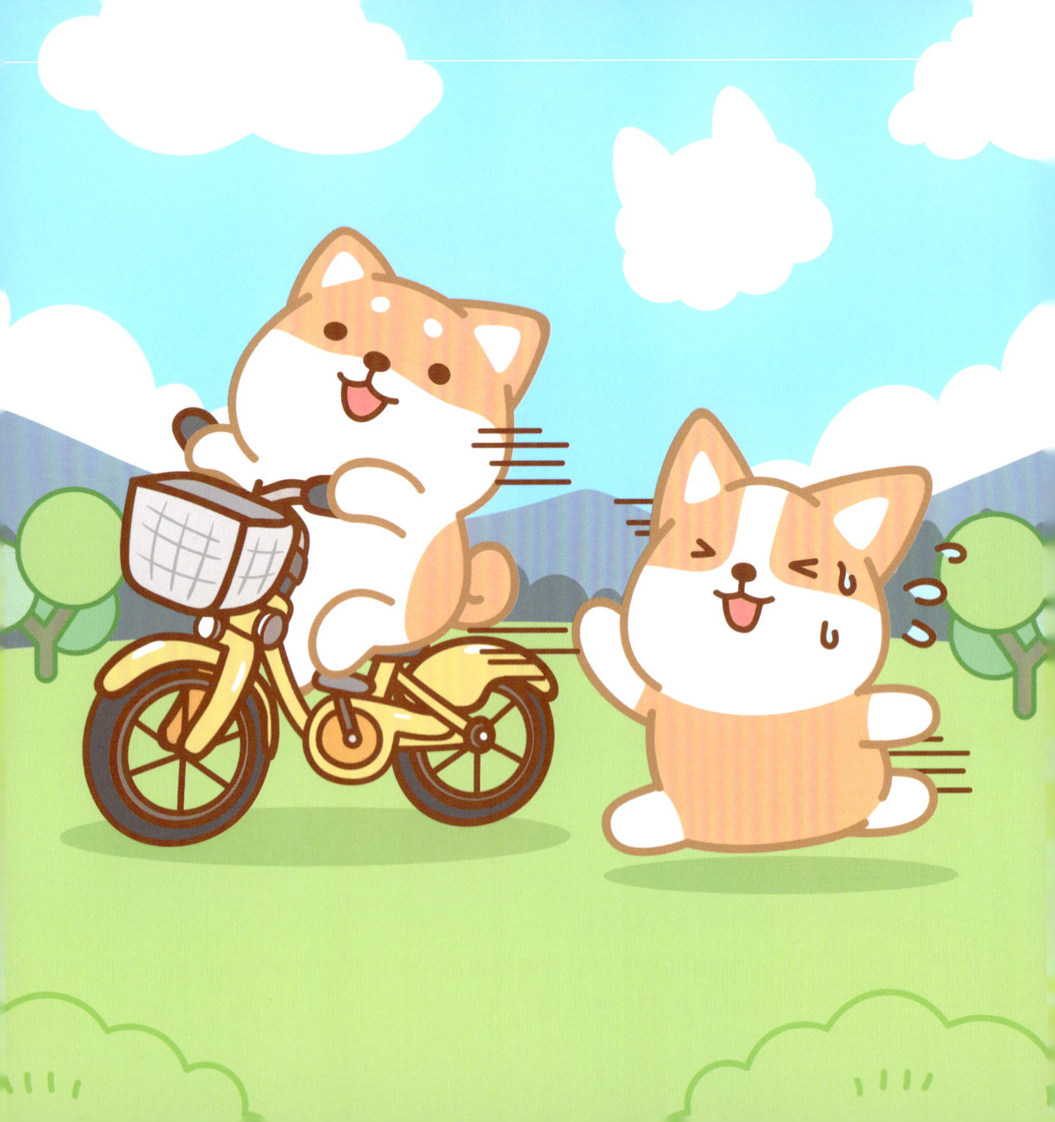

相信自己，行動吧！
（行動是改變的契機）

很想學騎自行車的廢柴，
因為怕跌倒受傷而一直不敢開始，
在好友阿吉的陪伴下，終於學會啦～

原地躺平雖然容易，但是困難的事還是不動如山，為自己動起來吧，就算一小步，也是進步。

SHIBA SAYS

其實你比自己想得強大許多。
（內心的巨巨是可練成的）

被生活逼到角落時，
無力感可能會充斥著內心，
換個角度看，撥開那層烏雲密佈吧。

覺得自己很渺小時，不妨安排一趟小旅行，讓廣闊的大自然幫你把煩惱和心事都吸收掉。

別猶豫，放手去做！
（別讓恐懼無限延伸）

為了消除可愛的小肚肚，
兩狗一貓集合，決定健身練起來～
做了之後，發現其實也沒那麼難嘛！

跟著直覺走，順應內心潛藏的本能～儘管不熟悉、有點生疏又何妨，任何事都有第一次。

洗個熱水澡，讓心也暖起來。
（據說38~40度是最佳水溫）

在天氣微涼的秋日裡，
舒心地泡個熱水澡是最棒的，
暖呼呼地放鬆交感神經～～

泡澡是很療癒的儀式感，選一個香氛沐浴球或點個蠟燭，打造美好的私人時光。

這一刻，只需相信自己。
（你就是最棒的神隊友）

廢柴、阿吉和太子相約去爬山，
森林浴讓他們享受了許多芬多精，
再走一點路，很快就到達目的地囉。

走得很累的時候，原地休息一下是必要的，大口吸氣、呼氣，然後拍一張停頓片刻的風景。

SHIBA SAYS

向前看，未來的門為你開啟。
（芝～麻～開～門！）

大家總是說，夢裡什麼都有～
今天做了一場好夢，遠處有扇大大的門，
打開之後，是否一秒就能到想去的地方呢？

儘管門的後面是未知，但沒有主動開啟，是看不到新風景的，
帶著期待的心情向前遇見吧。

SHIBA SAYS

讓愛與希望指引你的道路。
（是流星！快許願！）

三個好朋友相約去露營，
沒想到能在寂靜的山中看到流星雨，
我要一次許十個願，希望每個都成真。

沮喪的時候，抬頭看看天上的星星，把它當成手心中的護身符。

大膽擁抱新的機會。
（就像煙火，稍縱即逝…）

在年末的某個節日夜晚，
兩狗一貓在頂樓準備看煙火，
繽紛絢爛地點亮了整個夜空…

挑一款喜歡的香氛，噴在白色紙卡上，放入包包裡，當成今天的幸運小物。

聆聽你內心微小的聲音。
(要很專心～很專心地聽)

太子和廢柴在難得的假日午後，
打算一起試試看冥想的力量，
空氣中似乎只剩下呼吸的聲音…

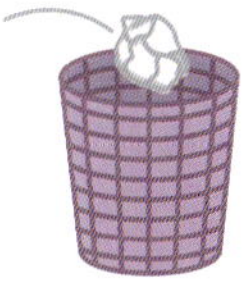

偶爾做個冥想，有助於整理心緒，把亂糟糟的念頭全部攤開來，在腦海中做個斷捨離吧。

珍惜眼前的這個機會。
（無論是人、事、物）

廢柴得到了一株很喜歡的植物，
每天細心地澆水，和它說說內心話，
希望這株小花健康漂亮地長大。

在家裡或辦公室養一株植物，空氣鳳梨、多肉、仙人掌都好，
植物的生命韌性能給你一些力量。

相信為你準備好的奇蹟會發生。
（一定會的！！）

貓咪太子為你帶來了一束花，
在浪漫的星空下，送上他的真心～
接受這份滿滿的心意吧。

在人際關係中難免偶爾有損失，但是必定會重新化為大大小小的幸運，終究回到你身上。

不要忽視自己的真實感受。
（試著把心情解壓縮～）

兩狗一貓到森林裡探險～
和小動物們開心地讀故事書，
連螢火蟲都來聽呢，靜靜點亮了夜晚。

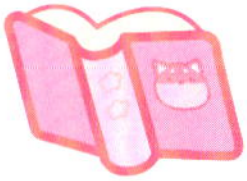

睡覺前，為自己點一盞精油燈或香氛蠟燭，泡杯花草茶，慢慢消化今天發生的事。

轉個彎，探索新的可能性。
（此路不通，就試試別條～）

貓咪太子為自己辦了試膽之旅，
勇敢走進森林裡，想看看會遇到誰～？
人生有時會出現意料之外的驚喜。

找個假日整理鞋櫃吧，該洗的、該曬的都整理一下，有利於你穩健地跨出下一步。

SHIBA SAYS

不妨與他人分享快樂。
（大家一起吃，更香～）

期待已久的Party Day終於來啦，
有吃有玩有聊，好飽喔，心滿意足～
就算是小事，和朋友一起就是開心！

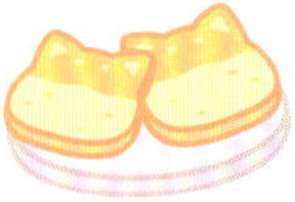

有能力且主動分享給別人的人最富有！一杯咖啡或一塊餅乾都好，今天就是分享日～

SHIBA SAYS

來個大掃除，讓心情煥然一新。（把堆積已久的全丟掉）

廢柴與阿吉一起大掃除，
東掃掃、西擦擦，打算讓家裡亮晶晶～
每個角落都可愛起來了呀！

當不順利都一起來到時，整理房間能轉換心情，就好像按下了重置鍵，感覺有力量再出發。

是時候展現你的創造力。
（想像力就是你的任意門）

如果給你一面白牆，你會想畫什麼呢？
廢柴和太子竟然畫上了最喜歡的食物，
也讓想像力帶你去想要的地方吧～

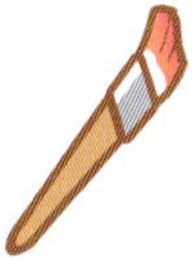

當腦袋卡住時，拿張白紙、本本隨意塗鴉，或任意書寫文字，
搞不好能從中找到新靈感。

SHIBA SAYS

別急著下定論，或許和表面不同。
（同一件事可以有多個解讀角度）

柴語錄夥伴們正在玩氣球，
大家蹦蹦跳跳好歡樂～
鬆綁一下緊繃的心情吧！

當心裡感到不確定的時候，不妨把多個角度的解讀寫下來，刪掉不要的，慢慢梳理成新的方法。

SHIBA SAYS

每天感恩，
能累積成美好的力量。
（快樂激素多巴胺激增～）

日常生活難免不順己意，
但是時常感謝，會讓你看什麼都順眼，
你會發現，原來擁有的是如此豐盛！

每天睡前在手機上記錄一件值得感謝的事，累積一年就有三百六十五件了，簡直是好運大富翁！

SHIBA SAYS

用愛來培養你的人際關係。
（不用當好人，但能當個有愛之人）

身邊總有些人，讓我們愛不下去，
但不需要用恨的語言讓自己的難受加倍，
把泡泡塑形成愛的形狀，回應也愛你的人吧。

心裡想一位重要的人，傳送愛心貼圖給他，祝福他今天都有好心情，自己也會開心起來。

把握當下，
就是往未來的路上前進。
（為了自己，衝啊～～）

第一次參加馬拉松的廢柴，
盡情地按著自己的步調跑著～
一心一意，就能抵擋雜音。

當事情停滯不前時，挑一個週末去運動～讓煩惱隨著汗水通通流掉。

MILK

SHIBA SAYS

偶爾失敗沒關係，仍有收穫。
（看看地上有什麼可以撿的？）

好喜歡吃點心的廢柴，
決定從最簡單的餅乾試做看看，
第一次烤焦了…第二次形狀醜醜的…
沒關係！只要是用心之作都很香甜～

今天是悠閒的喝茶日，挑選最喜歡的點心配杯茶，讓下午的心情清新一下吧。

SHIBA SAYS

你經歷的痛苦和難過，
絕不是白費。
（人生就是苦甜巧克力）

貓咪太子似乎若有所思…
在微涼的秋日裡，他在想著什麼呢？
咦，原本不開心的嘴角慢慢地上揚囉~

如果人生只有甜，好像太膩口了吧！？試著在苦苦的咖啡或巧克力裡加點甜，風味層次馬上提升。

SHIBA SAYS

過往的損失，
將化為新希望和能量。
（凡事都有一體兩面）

去年沒堆成的雪人，
今年廢柴和朋友們終於完成啦！
準備和可愛的雪人一起過冬～

今天下班後走走逛逛，為自己買一件喜歡的小物，犒賞最近很努力的自己。

永遠要當那個最關心自己的人。
(你的需求才是第一要務)

別總是「支援」別人，
卻忽視自己的心情和感受，
把自己照顧好比任何事都重要！

據說洗澡時唱歌，有助於減少壓力喔，一邊哼歌一邊泡泡腳，讓身心都暖起來吧。

SHIBA SAYS

辛苦了，今晚就好好睡一覺吧。
（適度擺爛，是絕對必要的）

夜深了，大家一起進入夢鄉…
柯基阿吉和貓咪太子都睡得好香甜，
咦，流口水的廢柴好像夢到吃好料呢…

充足睡眠是最棒的修復，為自己打造專屬的睡前儀式，有助於提升睡眠品質和隔天精神喔。

當你失去熱情時，想想起初的動機。（走著走著就…忘了？）

柯基阿吉看起來悶悶不樂的，
唉呀，當初興奮的心情跑哪兒去了？
熱情遞減是很正常的，無須責怪自己。

迷惘的時候，寫下當初開始的原因、過程中的阻礙是什麼、這件事還值得繼續下去嗎？綜合盤點思考，我要換條路，還是果斷中止它。

SHIBA SAYS

珍惜家人、朋友，和你自己。
（全是閃閃發光的寶物～）

廢柴和森林的動物們一起盪鞦韆，
迎面而來的櫻花瓣如同細雨般溫柔，
和重要的人在一起，原來這麼暖心。

給在乎的人一個簡單的問候、一句關心、一個擁抱，將化為你今天的小小幸運。

勇敢面對今天的挑戰，你很棒！
（不要吝於稱讚自己）

廢柴今天心情超好！！
笑容和嘴邊肉都要滿出來了～
讚美的力量無限大！

無論是多小的事，只要親身挑戰過，你就是最棒的！從小小的事開始練習稱讚自己，打造愛的泉源。

別灰心，最終結果會勝利的。
（沿途風景也是人生禮物）

覺得垂頭喪氣的時候，
請呼喚朋友們今晚一起聚餐吧，
趕走讓你不開心的烏雲～

好好攝取富含維生素C的新鮮水果，或打杯蔬果汁，據說有助於舒緩壓力以及穩定情緒喔。

這個週末，去大自然走走～
（呼吸新鮮空氣，稀釋煩惱）

廢柴帶著大家到森林裡撿松果，
一個、兩個、三個，不知不覺手上好多，
仔細一看，每個形狀都不一樣呢。

去一趟花市或花店，買一盆可愛的植物放在家裡或桌前，花草每天的生長變化會為你帶來不可思議的力量。

先停一下，保持冷靜再次思考。
（心急吃不了熱豆腐？）

廢柴看起來好煩惱啊，
眉頭都深深地皺在一起了，
別想太久，大腦CPU會當機的～

決定不了的時候就要放空，放下手邊的事，喝杯溫熱的水，讓大腦重新開機。

SHIBA SAYS

你是特別且獨一無二的存在。
（對，我就帥！）

貓咪太子在鏡子面前照了好久，
左看右看，真是零死角的帥～
照鏡子也是和自我對話的好時機。

今天出門前，選一件沒穿過的新衣，或梳一個新髮型吧，心情就會和平常不一樣。

SHIBA SAYS

聽聽歌，給自己一杯咖啡的時間。
（美式、拿鐵，還是特調？）

請問今天的咖啡，你要淺焙還中焙？
讓廢柴咖啡師為你泡一杯～
咖啡的香氣瞬間讓心情好了起來。

沖煮咖啡的過程很療癒，但急躁的心可是會讓咖啡變難喝的喔，
沉浸在咖啡時間裡整理思緒吧。

SHIBA SAYS

現在的每一步都是朝向成功邁進。
（一起集氣～～）

今天來玩堆堆樂，
廢柴、阿吉、太子大集合，
想推高可是有技巧的，更要團隊力量。

這週為自己換一張手機桌布，這樣每次滑手機都能獲得好心情，小小的正念累積有益健康。

SHIBA SAYS

喝杯奶茶吧，有時也需要放空。
（選一個最療癒的甜度）

辛苦工作一整週的廢柴，
打算在週五來杯珍奶當下午茶，
減重是明天的事，今天喝起來！

邪惡的珍奶不能常喝，但適時放空卻是生活之必須，讓緊繃的身心確實放鬆，深～呼～吸～

愛自己的每一面，
不完美才有獨特的美。
（全都是「我」！）

想想看，七十億人中只有一個你，
這就已經是奇蹟中的奇蹟了吧 !?
請盡情擁抱自己的每個樣子。

選一間沒去過的咖啡廳，放下手機，看本書、聽音樂，好好享受一下緩緩流動的私人時間。

讓別人幫你一把，
或許會有新的靈感。
（唉喲，不錯喔～）

廢柴、阿吉和太子參加沙雕比賽，
一開始不太熟悉，沙子總是堆不好，
但漸漸地有了雛型，柴柴沙雕完成啦！

當靈感枯竭的時候，就出門散步走走，或是打掃家裡，有助於沉澱雜亂的心緒。

SHIBA SAYS

停下來哭一會兒，有何不可？
（人生短短幾十載，有些話要說出來）

柯基阿吉哭得好傷心…
廢柴和貓咪太子趕緊來安慰他，
偶爾讓別人接住你的情緒吧。

當心情苦苦的時候，偶爾來片甜甜的蛋糕，或一球冰淇淋，
稍稍療癒心情後再出發。

今天與他人分享內心的快樂～
（送給你我的小心心）

當好運來臨時，
不妨也分享給身邊的人，
這樣好運一定會加倍！

幸福能量是可以傳遞的，越給越多，越多越給，讓內在能量更加豐盈。

SHIBA SAYS

每一次相遇，都有其生命意義。
（一期一會，不負遇見）

花花的海洋世界實在太美了，
廢柴和夥伴們開心地潛水，
和悠游的水中生物一一打招呼～

安排一趟小旅行，到水族館或動物園，觀察動物們生活的可愛模樣，很是療癒。

SHIBA SAYS

機會有點渺茫，試試別條路。
（山不轉路轉～）

想到達目的地不只一種方法，
隨著阿吉和太子坐上熱氣球吧，
或許會看到另一個角度的風景。

人生無法盡如人意，但掌舵者是你自己，在筆記本上寫下可行的各種做法，然後試試看。

讓時間陪你證明一切。
（人生有時就需等待）

有的時候用盡全力，
卻不一定有最好的結果，
靜靜等待時間開出最美的花。

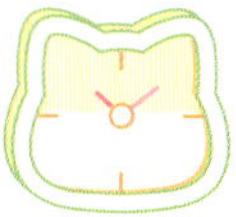

等待總讓人焦急萬分，這時候就需要來一點伸展操，拉展～放鬆～讓自己保有鬆弛感。

靜下心，你一定能夠克服。
（定睛在焦慮上，只會更焦慮）

廢柴和貓咪太子懶懶地趴在雲朵上，
軟綿綿的，實在好舒服呀…
一不小心就進入夢鄉了…

為自己換一條曬過太陽的鬆軟毛巾或被子吧，暖烘烘的味道讓人平靜，相信今晚一定好眠。

SHIBA SAYS

為自己的決定負責，
同時也自我賦權。
（我的人生我做主！）

廢柴一個人到山裡冒險，
雖然有點可怕，但是心中期待萬分，
星星和貓耳星球的夜空如此耀眼～

做任何決定都可能有風險，但只要決定了，就相信後續的安排吧！今晚悠閒地洗個熱水澡，對一直努力的自己說「辛苦了！」

SHIBA SAYS

偶爾躲進自己的秘密基地吧。
（充電時間，開始～）

幾個夥伴們正在玩躲貓貓，
貓咪太子溜進放滿食物的大包包中，
心裡默默祈禱：千萬別找到我呀～

打造一個讓你瞬間安心的秘密基地，就像貓咪鑽進紙袋，在受傷的時候、想哭的時候、生氣的時候，不用顧及他人眼光，悄悄地安放好自己。

SHIBA SAYS

相信直覺，順勢而為。
（就是現在，衝一波～）

廢柴和夥伴們一同到海邊衝浪，
站在浪尖上的感覺實在太好了，
專心看前方，繃緊核心迎向浪花，衝啊！

有時候做決定就需要一股衝勁，就像喝汽水般，趁最冰涼時一口飲盡才有快感～

成功需要的是堅持不懈。
（路遙知馬力～）

看似枯燥平凡的小事，
累積久了也能開出一朵花來，
用二十一天養成一個新習慣吧。

明天早一點點起床，心裡會多了一份從容迎接早晨的新開始，
不痛苦的小小改變會化為正向的成就感。

SHIBA SAYS

送自己一朵花，感受自然療癒力。
（緩解恐懼、憤怒和壓力）

春季裡的花園景色美不勝收，
每朵花都開心地享受陽光，
聞著花香的廢柴也忘卻煩心了呢…

今天下班時，選一條沒走過的路，像探險般發掘生活裡的新風景，打破日常的一成不變。

試著創造機會，別在原地枯等。
（用行動取代焦慮膨脹發酵）

好煩好煩喔～
一直沒有進展的事該怎麼辦？
重新盤點能做的事，先從那件開始吧。

在工作時放喜歡的歌，讓音樂帶著你進到節拍和歌詞的情境裡，轉換一下等不及的心情。

SHIBA SAYS

就算是大樹，也是從一株芽開始的。
（別輕看小小進步的力量）

柯基阿吉好喜歡粉色櫻花樹，
夢想著也種一棵在院子裡，
從種子開始，用期待呵護它吧～

從這個月開啟，培養一項新嗜好，從這裡開始探索未知的世界，或許能從中得到不一樣的眼光。

看看四周，或許答案就在身邊。
（可能只是被你忽略了？）

廢柴和夥伴們展開一場尋寶遊戲，
大家四處搜索寶物們的蹤跡，
有時候最不可能的地方，就是答案！

錢包就是你的行動小財庫，重新整理一下，或在斷捨離後換個更輕巧的款式吧。

鼓起勇氣拒絕，為自己畫出底線。
（正視說No的權利！）

別當一顆軟柿子，
適時保護好你的善良，
就是愛自己的表現。

睡前來個按摩眼部的紓壓時光，用恰好溫度的眼罩或溫熱毛巾輕敷眼部，幫助你放鬆入眠。

SHIBA SAYS

暫時放下，享受悠閒片刻。
（塞滿滿的心是無法運作的）

在忙碌的時候，
更需要預留「不思考的餘裕」，
放下手機和電腦徹底放空一下！

來趟火車之旅或半小時的捷運小旅行，選一個比較遠且沒去過的站看看，找尋新靈感。

生命的豐盛是來自把握每個當下。
（練習專注，全然投入～）

大家乘著潛水艇進到海裡探險，
和波濤洶湧的海面完全不同，
海裡的景色竟如此繽紛生動呢～

今天早餐為自己煎一顆圓圓的太陽蛋，柔軟的半熟蛋黃放在吐司或白飯上，光想就十分療癒。

別輕看自己，和你現階段擁有的。
（走過的路決不會白費！）

在夜深人靜的時候，
打開內心深處藏著的寶盒，
你會發現人生各階段都是祝福。

把最喜歡的筆放進包包裡，用它當成今日的幸運物，隨手記錄下每件開心的小事或新發現。

用耐心慢慢澆灌剛萌芽的機會。
（等待是最難的功課～）

有時嘗試順流而行，
比逆著強風走輕省得多，
心情也能逐漸平靜下來。

買一包水果軟糖盲抽口味，感受酸酸甜甜的味道在口中逐漸散開，心情彷彿也有了水果香氣。

SHIBA SAYS

事緩則圓，一切都是有意義的安排。
（停下來，感受風的流動）

廢柴和夥伴們打算在海上開點心party，
閃閃發亮的海面、遠處吹來的風…
讓人悠閒地忘了當下的時間呢。

在一成不變的房間裡，選個小角落布置成喜歡的樣子，讓新的美好氣氛在生活裡暈染開來。

人生就是五味糖果罐，
每個味道都是驚喜。
（猜猜下一顆是什麼口味～）

無論抽到的是苦是甜是酸，
都試著用坦率的態度迎接它，
用新的體驗豐富每一天！

今天中午買便當時，隨手買杯好久沒喝的飲料吧，為下午工作的心情加點料。

人生嘛，誰不是帶著傷前行？
（每個人身邊都有一些妖魔鬼怪要打～）

今天遇到很不爽的事，
又無法一口氣解決的話，
就一個個擊破！！

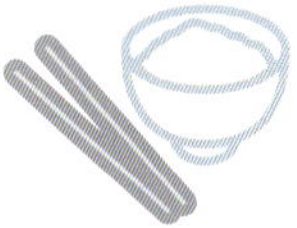

就算有多不爽，飯不能少吃，選喜歡的主菜再加一點五色蔬果，細嚼慢嚥慢慢吃，吃飽了才能再戰。

SHIBA SAYS

相信未來會結出甜美果實。
（穩健地把當下每一階段做好）

院子裡種了一棵有年紀的蘋果樹，
廢柴總是很細心地照顧它、等待結果，
過程中雖有辛苦的汗水，但一切值得。

今天的餐後水果就選蘋果吧，酸酸甜甜又營養豐富，熱量不高，還能當成餐間點心，就像那句老話「一天一蘋果，醫生遠離我」。

SHIBA SAYS

即使是難過的回憶，也是生命的一部分。
（會感到難過，代表你的心還是熱的）

任何人都有過傷心的記憶，大小不一
有的無法輕易言說，這時可以將它寫下來；
若能向信賴的人訴說，難過或許會減半。

難過的時候要盡情難過，一個人大叫也好，哭腫眼也好，狂吃冰淇淋也好，得讓情緒有個出口而得到撫慰，就像用力吹泡泡，破了才能有新開始。

SHIBA SAYS

說出自己的想法，或許結果會翻轉。
（怕怯場的話，那就打草稿～）

有時候把話藏在心裡，
事情的進度就會停滯在那裡，
別憋到內傷，說～出～來！
請在左頁對話框寫下你的不爽吧

若不夠有勇氣說的話，先想像最壞的情況，思考你是否能承擔，如果可以，就放膽說出心裡話，只要你的出發點是良善的、是善待自己的就好。

別讓幻想的恐懼阻礙你勇敢前進。
（恐懼是看不見的鬼，會慢慢長大）

廢柴和夥伴們到黑森林裡探險，
明明是興奮的試膽大會，怎麼越走越害怕…
最近你是否也在擔心或恐懼什麼事呢？

對某件事感到恐懼的時候，不妨練習想像成功的場景，每天想像三次，睡前再想一次，創造新的意念，覆蓋害怕或是擔心的無限蔓延。

若你最近感到匱乏，或許是因為給的太多。
（我今天的HP值是零！！）

唉呀，廢柴看起來好累的樣子，
大概是因為最近工作滿檔的關係，
過度努力會掏空一個人的心喔…

到一個有大草坪的公園裡野餐，用大字型躺法看著天空發呆，
然後做二十次深呼吸，細聽風的聲音。

SHIBA SAYS

為自己動起來，心會因此靜下來。
（散步、健走、瑜伽、超慢跑？）

覺得心情鬱卒的時候，
充分伸展緊繃已久的四肢吧，
一二三四、二二三四、三二三四…

找一個能幫助轉移心情、活絡筋骨的運動（大吃不算，那是嘴部運動），提升全身血液循環，也有助於重整紛亂的思緒碎片。

SHIBA SAYS

每個刻意努力，會成就未來閃閃發亮的你。（從一件可行的小事開始就好）

每天固定做一件自己有興趣或擅長的小事，
這樣小小的、無壓力的練習會化為鼓勵的力量，

不想讓努力變無效，就要記錄練習的過程，當你看到一週一次變成三天一次，甚至每天一次的時候，那件努力的事就已經內化成你了。

SHIBA SAYS

慢慢走，別錯失眼前風景。
（春夏秋冬各有驚喜景致）

今天是個出遊的好天氣，
大家開心地準備去哪裡玩耍呢？
揹起包包，一起哼著歌，出花～

出遊一定少不了帶上喜歡的點心或咖啡，和最好的朋友分享，
在大自然的景致裡享用，別有一番悠閒風味。

外出曬曬太陽，讓日光重新照進心裡。
（好好吸收維生素D～～）

人生難免有陰雨綿綿的時候，
這時候就要做個日光浴，
讓太陽把心裡的淚水曬乾為止～

曬太陽之前，記得把防曬乳擦好擦滿，戴上墨鏡保護眼睛，
外出盡情擁抱無料曬到飽的陽光吧。

為自己準備一份禮物，
或做件開心的小事。
（時常累積快樂點數～）

貓咪太子最愛的點心就是鯛魚燒了，
一邊想著明天要去買鯛魚燒，不小心睡著了…
沒想到夢裡居然出現巨大版本，開心翻倍！

總是很努力的人常常會忘了鼓勵自己做得好，時不時給予肯定，是非常重要的正念習慣。

心的界限由你決定，而不是其他人。
（嗶嗶嗶，越線警告！）

別人能踩踏的空間是你給的，
適度保護好自己的內心，
別讓畫好的實線又變虛線啦～

每個人心裡都有個小小警示燈，當燈亮起時，無論別人怎麼說，你總要保護好自己的底限，適時為自己拒絕。

用筆寫下讓你心煩的事，重新梳理。
（書寫有助於換位思考）

選一個風和日麗的下午，
大家一起寫寫畫畫，你一筆、我一筆，
把最近的困擾全部寫下來，會覺得輕鬆一點。

不想用寫的？打在手機上或在平板上塗鴉也很好，把分岔的煩心思緒一條一條抽出來梳開，或是和身邊的人討論看看。

好好吃飯，好好感受，好好呼吸。
（這世界太快，所以你要靜下來）

「慢」可能是這世代最大的奢求，
似乎什麼事都要高速運轉，追求馬上完成！
在「快」的過程中，感受難免被削弱許多。

在下午茶的時間泡一杯熱可可，沉浸在濃濃甜甜的香氣之中，
稍微放空個五分鐘也好，活化思緒、重新開機。

SHIBA SAYS

有時繞點遠路，會有意料外的收穫。
（咦？是沒看過的風景呢～）

廢柴安排了一場爬山小旅行，
走著走著，出現一條沒走過的路就彎去看看，
沒想到路的盡頭竟是美麗的白色瀑布！

做事難免想要走捷徑、更有效率，但當下硬闖關的結果卻不一定最好，放下心，等一等，或許會出現更理想的發展。

今天適合小憩，為心充充電。
（我不是懶，是保有鬆弛感～）

人生在走，舒適度要有，
擁有不被他人隨意影響的從容，
減少無謂的焦慮侵蝕內心。

今晚睡前泡個香氛足浴，放下手機，減少睡前過度吸收資訊，
讓輕音樂循環播放，除去腦海裡過多的意念。

試著表達自己的真心，
坦率的你很帥氣。
（說得坑坑巴巴也沒關係！）

用柔軟的語言說堅定的話，
眞是一門高深困難的學問哪～
適度表達你的需求與感受吧。

說不出柔軟的話時，就喝一杯微甜熱奶茶，用輕鬆聊天的方式和對方溝通看看，同時讓對方保有「不接球」的權利。

你的步調，就是最適合自己的步調。
（走快走慢，我說了算！）

廢柴和夥伴們一起變身太空人，
在浩瀚的宇宙裡飄過來～飄過去～
時間彷彿走得比平常更慢了…

在睡覺前，先把明天的行程記在手機裡，然後早十分鐘起床泡杯咖啡，原本早上緊張的步調會因此慢下來。

深呼吸～心靜足以應對外界變動。
（不是風動，是你的心在動）

這世界有太多人事物吸引你的注意力，
所以分心，所以思緒破碎，所以急躁，
坐車時閉目養神一下，有利靜心。

今天下班約朋友去看場電影，或用一個小時追劇（切記，只能追一集！！），稍微跳脫現實生活的場景。

選一個房間的角落打掃、翻新心情，
（抹去心裡厚厚的灰塵吧～）

打掃整個房間太痛苦了，
從一個書櫃或一個抽屜開始就好，
一個角落就會慢慢改變其他角落。

在床頭放一個造型小夜燈，改變房間的氣氛，選用柔和的光線，心也能隨之變得溫柔起來。

SHIBA SAYS

稍微停下來，最近是否衝得太快？
（時速200的那種～～）

人生嘛，總想嘗試一點小刺激，
廢柴和夥伴們一起玩滑水道尖叫不已，
但要小心，刺激和驚嚇可只有一線之隔～

凡事盡力就好，老是衝過頭，身體可是會拉警報的～今天下班時，慢慢散步走回家，逛一間喜愛的小店，享受放鬆慢時光。

不順利的事，
是讓你重新思考的小提醒。
（偶爾就有這麼阿雜的時候！！）

最近處處碰壁，或許是換個方式的起點？
把不順心的事化為小天使善意的聲音，
別和生活硬碰硬～

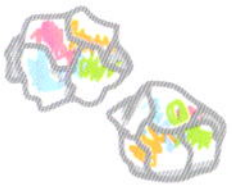

找一張白紙，拿出彩色筆，把無處訴說的火大一口氣塗鴉在紙上，什麼也不用想，畫就對了，最後把紙捏成一團，和不爽一起丟掉。

SHIBA SAYS

找一件喜歡的事做吧，
今天是療癒之日。
（今天的我不配合任何人，只取悅自己）

如果問廢柴和夥伴們最喜歡做什麼，
那當然是耍廢、睡覺和吃啦～
用淋滿糖漿的鬆餅溫熱你的心！

約幾個好朋友到KTV夜唱一場吧，當然一個人去唱也很棒，可以盡情享受把歌單全部填滿、不被切歌的爽感。

停下腳步，觀察你可能忽略的人事物。（太忙碌容易遮蔽了一個人的心）

讓兩狗一貓來幫你觀察吧！
睜大眼睛，看看漏了什麼重要的，
魔鬼總是藏在細節裡～

選一個風和日麗的假日下午，去看一場喜歡的展覽，享受一下靜心沉澱的感覺，順帶找回有點鈍掉的觀察力。

包容的心讓你看待人事物都有彈性。
（別讓堅持縮限了自己的眼界）

廢柴和夥伴們一起跳跳跳，
蹲得越低，就能彈得越高，
選擇的空間有多大，其實取決在你。

今天睡前試著用左手刷牙看看（如果你是左撇子，就用右手），
換個方式做同件事，會有新角度的體會。

努力過的你，
無論別人怎麼說，都是最棒的。
（世界上最不缺的就是酸民～）

抱抱具有神奇的力量，
即便是抱抱自己，也有療癒作用！
減壓還能提升免疫力，有益無害～

「抱緊處理」有各種形式，吸貓抱緊、布偶抱緊、小毯毯抱緊，
親愛的抱緊，給最愛的人一個真心擁抱吧。

SHIBA SAYS

讀一本喜歡的書，從中找尋新靈感。
（紙本書太重？那就選電子書呀）

世界上許多有成就的人，
他們常有一個共同點就是習慣閱讀，
讓圖文帶你開發專屬自己的新思路。

挑一張有風格的書籤陪你看書，讀什麼都好，讓書中圖文化為腦海中的場景，並且把新的想法筆記下來。

6666

SHIBA SAYS

為了自己努力的每一天，都是寶物。
（你所花的時間、心思都是無價之寶）

即便是上班、下班、回家…，
每天也不會是一模一樣的風景，
從日常之中尋找獨一無二的小確幸。

心情好的那天，就在日曆上貼一張小貼紙，累積一個月看看，
是開心的日子多，還是不開心的日子多呢？

當事情卡住時，不妨反向思考看看吧！
（倒過來看，搞不好才是正確答案？）

你知道「倒退走」有益健康嗎？
激活肌群、改善平衡感、舒緩膝關節…
跟著廢柴和夥伴們一起倒著走看看～

用平時做事的方式進行卻不順利時，就換到對立面重新想一次，或許就能發現不小心被忽略的癥結點所在。

SHIBA SAYS

先別執著，事情可能和你想得不一樣。
（就像那本暢銷書《我可能錯了》）

當你猶豫不決時，
就用玩扭蛋機的心情賭一把，
或許運氣會超出你的預期。

每天出門前對自己說「Everything goes well！」懷抱著好運的意念開啟一整天，讓所有的人事物都正正得正。

SHIBA SAYS

Be open！用笑容為自己帶來新的緣份（放點音樂，讓流動的音符讓心溫柔）

柯基阿吉今天非常自得其樂，
窩在懶人沙發上真的好舒服喔，
哼著歌，沉浸在音樂的小世界裡～

音樂有種魔力，讓你瞬間進入新的情緒中，當自己不想被打擾時，就用音樂幫你打造私人空間。

柴語錄

站穩腳步，不隨外界情緒起舞。
（你無法決定天氣，但可以照顧好自己的心）

廢柴老僧入定、心無雜念，
就算夥伴們怎麼動搖他也無動於衷，
專注腳踏實地，盼花自然盛開～

在需要的時候或睡前做一小段冥想，閉上雙眼，調整呼吸的頻率～把雜亂的意念慢慢收攏，有助於專注和思緒清晰。

除去雜音，
真正的內心需求會漸漸浮現。
（體驗一下「心的真空」）

在迷惘或決定不了的時候，
先別急著尋求太多外界意見，
重新對焦自己身上，事情會簡單許多。

當世界太吵，就拿出1人必備的降噪耳機，大幅降低意見喧嘩的干擾，他人建議或許不錯，但誠實面對自己的想法才是核心。

SHIBA SAYS

接納自己的不足，和不可控的外界因素。（停止追逐那些讓你內耗的原因）

這世上沒有完美的人，
笑著看待缺點，便能獲得真正的自由，
嘗試練習用幽默感展現你的高情商。

如果你正想改掉某些缺點，那是好的開始，尋找方法把它們一一變成亮點，在調整過程中必能建立起強大的自信心。

SHIBA SAYS

沉澱一下，再次與對方談談看吧。（一次說不清楚，換個說法再試一次）

廢柴和好友貓咪太子吵架了，
為什麼怎麼說，對方還是不懂呢？
別讓氣話成為撕裂關係的利刃。

如果你已經努力溝通過了，下一步就是放下，先遞出善意的手隨時可以主動收回，絕對不是輸家或吃虧。

SHIBA SAYS

焦慮就像麵團，一不小心會過度發酵。
（焦慮的背後藏著害怕失控或受傷）

據說過度發酵的麵包口感會變差
就連外型也會變醜、一按就陷下去了，
你的心也是喔，所以要好好照顧它。

覺得很焦慮的時候，先放下手邊的事，泡個熱水澡或用電熱毯、暖暖包溫熱一下肩頸和腹部，讓發酵的焦慮暫緩一下。

柴語錄解答之書

【隨書贈送「有點廢」N次貼+全彩PVC透卡2款，許願柴富自由不上班】

作者　柴語錄
視覺設計　TODAY STUDIO．黃新鈞
責任編輯　蕭歆儀

總編輯　林麗文
副總編輯　賴秉薇、蕭歆儀
主編　高佩琳、林宥彤
執行編輯　林靜莉
行銷總監　祝子慧
行銷企劃　林彥伶

出版　幸福文化出版社／遠足文化事業股份有限公司
地址　231新北市新店區民權路108-1號8樓
電話　(02)2218-1417
傳真　(02)2218-8057

發行　遠足文化事業股份有限公司（讀書共和國出版集團）
地址　231新北市新店區民權路108-2號9樓
電話　(02)2218-1417
傳真　(02)2218-1142
客服信箱　service@bookrep.com.tw
客服電話　0800-221-029
郵撥帳號　19504465
網址　www.bookrep.com.tw

法律顧問　華洋法律事務所 蘇文生律師
印製　凱林彩印股份有限公司

出版日期　西元2025年2月 初版2刷
定價　360元
書號　0HDC0125
ISBN　9786267532683

特別聲明：
有關本書中的言論內容，不代表本公司／出版集團的立場及意見，由作者自行承擔文責。

國家圖書館出版品預行編目(CIP)資料

柴語錄解答之書／柴語錄著. -- 初版. - 新北市：幸福文化出版社出版：遠足文化事業股份有限公司發行，2025.01
208面；14.8×14.8公分
ISBN 978-626-7532-68-3(平裝)　1.CST：占卜
292.96　　113018117